古代人的一天

文臣的的

One Day of
the Chinese Ministers

一天

段張取藝工作室　著／繪

三民書局

國家圖書館出版品預行編目資料

文臣的一天／段張取藝工作室 著/繪.－－初版二刷.
－－臺北市：三民，2021
面； 公分.－－（古代人的一天）

ISBN 978-957-14-7026-9 （平裝）
1. 中國史 2. 文官制度 3. 通俗史話

610.9   109018391

《 古代人的一天 》

文臣的一天

| 作　　者 | 段張取藝工作室 |
| 繪　　者 | 段張取藝工作室 |

發 行 人	劉振強
出 版 者	三民書局股份有限公司
地　　址	臺北市復興北路 386 號 (復北門市)
	臺北市重慶南路一段 61 號 (重南門市)
電　　話	(02)25006600
網　　址	三民網路書店 https://www.sanmin.com.tw

出版日期	初版一刷 2021 年 1 月
	初版二刷 2021 年 7 月
書籍編號	S630570
I S B N	978-957-14-7026-9

© 段張取藝 2020
本書中文繁體版由湖南段張取藝文化傳媒有限公司
通過中信出版集團股份有限公司授權三民書局
在中國大陸以外之全球地區（包含香港、澳門）獨家出版發行。
ALL RIGHTS RESERVED

圖書許可發行核准字號：文化部部版臺陸字第 109033 號

三民書局

前言

　　一天，對於今天的我們，可以足不出戶，也可以遠行萬里；可以柴米油鹽，也可以通過網路了解全世界。那麼，一個有趣的想法冒了出來：古代人的每一天會怎麼過？我們對古代人的了解都是透過史書上的一段段文字和故事，從沒有想到他們的一天會是什麼樣子。他們是不是也和我們一樣，早上起來洗臉刷牙，一日三餐；晚上，他們會有什麼娛樂活動呢？基於這樣的好奇心驅使，我們開始進行創作，想把古代人一天的生活場景展現在讀者面前。

　　我們在進行「古代人的一天」系列書的創作時，以古代的身分（或職業）來進行分類，有皇帝、公主、文臣、武將、俠客、畫家、醫生、詩人等等。每種身分（或職業）有其不一樣的生活、工作。比如，詩人的日常生活是否像他們的詩歌一樣波瀾壯闊、燦爛精彩？那些膾炙人口的千古名句是在什麼歷史背景下創作出來的？《清明上河圖》、《韓熙載夜宴圖》、《瑞鶴圖》這些享譽海內外的中國名畫的繪者是什麼人？他們幼時是否受過良好的藝術啟蒙？這些畫怎麼樣構思出來的？通過繪畫要表達什麼內容？古代的中醫，如扁鵲、華佗、張仲景等是如何給病人治病？他們像今天的醫生一樣待在醫院上班看診嗎？醫生是如何替人診斷的？有哪些傳世的成就？

　　然而，古代人的一天是無法回溯的，古人對時間的感受也和我們不一樣。為了幫助讀者更容易理解古代人的一天是如何度過的，我們在豐富的歷史資料的基礎之上，架構了古代人的一天。

　　我們在創作當中精細地設置了時間線，書中的「一天」指的是故事從開始到結束整個過程的時間，而不是嚴格意義上的 24 小時自然時間，書中貫穿每　個人物　天的生活和工作的時間線，也不是按照等分的時間長度來劃分的，時間線的創意設計是為了幫助讀者更容易了解故事發展脈絡。

　　在《文臣的一天》當中，我們從丞相、尚書、史官、言官、科考官、知縣這幾個官職的角度出發來進行創作，透過詳盡的考證資料，還原出古代文臣一天的工作生活情境，讓讀者能更清楚的觀察體會作為古代官員，文臣們是如何努力地工作，有效的為國家和社會服務。當然，文臣的職務種類很多，限於篇幅，我們只能選擇部分有代表性以及趣味性的來進行創作，希望能起到拋磚引玉的作用。

　　在創作《文臣的一天》的具體內容時，需要對一些歷史事件進行濃縮，使一天的內容更為緊湊、豐富，我們借鑑了郭沫若先生在創作《屈原》以及《蔡文姬》的故事時所採用的手法，把精彩的故事濃縮在一天來呈現，這也是為了讓讀者更深入地理解歷史。

　　希望我們的努力能讓「古代人的一天」成為讀者喜歡的書，能讓讀者從一個新的視角去看待中國歷史，從而喜歡上中國歷史故事。

張卓明

2020 年 3 月

目　錄

曹操

丞相要總理國事，向皇帝匯報，很忙的。

丞相曹操的一天

2

令狐德棻

領導一個團隊去修史書，不容易啊。

史官令狐德棻的一天

8

杜如晦

作為吏部尚書，選拔、考核官員，是我的日常工作。

尚書杜如晦的一天

18

中國是一個歷史悠久的文明古國。

在漫長的歷史發展進程中，中國逐步形成一套規範嚴密的文官管理制度，這套制度可以讓政權運轉有序。在文官體系中，上至丞相，下至知縣，都有傑出的人物湧現。

本書列出其中部分人物的故事，讓我們一起從不同品級、不同職位的文官故事中去了解文官的一天是怎麼度過的。

楊爵

太祖皇帝說了，言官就是要說實話。

言官楊爵的一天

26

張潮

科舉考試最重要的原則就是公平公正。

科考官張潮的一天

32

于成龍

作為一個縣的父母官，條件再艱苦，我也要治理好地方民政。

知縣于成龍的一天

38

古代計時方式

44

古代「國考」之路

46

番外篇 文臣那些事

48

丞相曹操的一天

　　丞相是百官之首，一人之下，萬人之上。如果丞相權力太大，對皇帝來說就是一種威脅。因此，相權與皇權之間的矛盾，一直是歷朝歷代繞不開的一道難題。東漢自劉秀登基，就未再延續之前的丞相制，而採用三公制。漢獻帝時期，天下大亂，群雄四起，曹操藉著擁立漢獻帝的經歷，經常以皇帝的名義四處征伐，並在西元 208 年恢復丞相制度，自任大權在握的丞相。

卯初二刻 (5:30)
上早朝

　　早早在朝堂上等候的文武百官，見曹操到了，都畢恭畢敬地對曹操行禮。此時曹操的權勢早已蓋過了漢獻帝，百官都聽從曹操的命令。

卯初三刻 (5:45)
給皇帝匯報工作

　　曹操向漢獻帝稟報自己準備派兵南下，征伐占據荊州的劉表。說是稟報，其實是例行告知，藉由皇帝的名義下詔書，漢獻帝也只能同意。

臣已經做好了南下攻打荊州的準備，明日就出發。

丞相看著辦吧。

我能說什麼。

「開府」的意思是成立府署，自選僚屬。在東漢末年，丞相是有開府權力的，且丞相的官署獨立於皇帝管理的系統之外。大家耳熟能詳的諸葛亮，就是三國時期擁有開府權力的丞相。

未正 (14:00)
自己也要聽匯報

下朝之後，曹操回到了丞相府。用過午飯後，曹操開始聽屬下官員們匯報南征荊州的準備工作，以及其他文化、社會、法治政令的實施情況。

開會匯報吧。

各路主管已經到齊了。

未正一刻 (14:15)
兵馬未動，糧草先行

負責軍糧轉運的官員匯報說，由於前幾年在北方多個州郡實施「屯田制」，國家的軍糧儲備充足，可以盡快用民伕運往前線。

啟稟丞相，今年的屯田任務已經基本完成。

申初 (15:00)
躍躍欲試的將軍們

糧草充足，曹操心中踏實了。隨後，準備出征的將軍們也向曹操稟報士兵們動員的情況，以及馬匹、船隻、兵器等軍備的籌備狀況。

啟稟丞相，兵馬已經準備好了。

申初三刻 (15:45)
後院不能起火

曹操擔心自己率軍南下後，北方州郡的豪強勢力、王公貴戚會趁機違法亂紀，因此，曹操特地召見留守官員，要求他們加緊戒備。

知法犯法，不管是誰，給我狠狠的打！

啟稟丞相，今年打擊豪強的工作已經完成！

申正 (16:00)
人才教育是根本

曹操重視人才，曾頒布《修學令》。在他手下任官的人，很多都具有才學。他還非常關注教育，想培養更多能為國家效力的人才。

你，把第三章第二段背一下。

呃……

建安文學

東漢末年，戰亂不斷、社會動盪，文人們的創作題材和思考層面也發生了變化。漢獻帝建安年間，曹操父子不僅是政治上的權勢人物，更大力提倡文學發展。他們獎勵文學、招攬文士，形成了一個富有活力的文人集團。在此期間，一度衰微的文學有了新的生機，詩、賦、文創作都有了新的突破，後世將其稱為建安文學。

孔融

東漢末年有名的文學家，他擁護漢獻帝的統治，十分反對曹操的專權，因此處處與曹操作對，招致了曹操的不滿。

酉正 (18:00)
郗慮來了

　　曹操處理完軍國大事，安排好留守都城的官員，穩定了後方。天色漸晚，到了該用晚飯的時候，御史大夫郗慮急匆匆地走進丞相府。他向曹操獻上處置孔融的計策，既能除掉孔融，又能堵住天下人之口。

酉正一刻 (18:15)
下令處死孔融

　　曹操下達了處死孔融的命令。等到曹操率軍南下後，御史大夫郗慮用構陷的罪狀將孔融處死。

傀儡皇帝

此時的朝政由曹操一手把持，漢獻帝成了名副其實的傀儡皇帝。

衣帶詔事件

與孔融同樣擁護漢獻帝的還有一群大臣，將軍董承就是其中之一。曹操的權勢太大，引起了漢獻帝的不安，於是他暗中將討伐曹操的詔書藏在衣帶裡，交給了董貴人的父親董承。結果事情敗露，董承連同董貴人一起被曹操殺了，漢獻帝苦苦哀求也無濟於事。

史官令狐德棻的一天

史官，據說最早從夏朝就開始設立了，歷史悠久。史官起初是由巫擔任，秦朝設太史令，主要記錄史事與天文，後來經歷各個朝代，逐漸建立起完整的史官制度。令狐德棻是唐朝優秀的史學家，他學識淵博，參與了大量史書的修撰工作。

辰初 (7:00)
今天的工作開始了

一大早，禮部侍郎令狐德棻和同事們就來到了史館，準備開始一天的修史工作。

史　館

中國古代王朝的修史機構，北齊始置，此後歷代王朝一直沿用。唐太宗時期用宰相兼職擔任史館的負責人，以後就成為定制。史館還設有修撰、直館（官職名）等官員。

辰正 (8:00)
向房相匯報工作

房玄齡來到史館監工，他不僅是當朝宰相，還兼職擔任監修國史一職，負責監督史官們的工作情況。令狐德棻作為修史工作的實際負責人，帶領著史官們向房玄齡匯報各個項目的進度。

監修國史

史館的主要負責人，工作是監督史官們修史，基本不參與具體的編修工作。這個職位在唐貞觀以後，一般由宰相兼任。

巳初 (9:00)
文獻來啦！

匯報完畢後，令狐德棻正在為找不到獨孤信的資料而心煩，負責運送文獻的官員就送來了不少文獻。

午初 (11:00)
迎接新人

　　史館裡來了幾個從國子監調來的新人，令狐德棻停下手邊的工作，帶領他們了解史館的運作情況，包括史館的組織結構、人員構成、工作流程等。

午正 (12:00)
茶餘飯後趣事多

　　中午，令狐德棻一邊和同事享用公廚的美食，一邊討論搜集來的資料中的奇人異事。

公 廚

唐朝時，國家提供政府官員免費的午餐。公廚即官員的公共廚房，按照品級不同，食物配額和用餐地點也不同。

未正 (14:00)
火眼金睛很重要

　　修史過程中，史官們經常會遇到同一件事情有很多個不同版本的問題，因此，在編寫人物傳記時，史官們也要具備「火眼金睛」，能夠在仔細鑑別之後，找出最準確的說法寫入史書中。

唐朝史官的成就

　　在成熟的制度與完備的條件下，唐朝史官修撰的史書品質很高，數量也很多，二十四史中的八部都出自唐朝史官之手，分別是《晉書》、《梁書》、《陳書》、《北齊書》、《周書》、《隋書》、《南史》、《北史》，當然，其中少不了令狐德棻的功勞。

酉正 (18:00)
離完成又近了一步

　　不知不覺一個下午就過去了，雖然距離修史工作結束還很遠，但總算又前進了一步！畢竟修前朝史書是個龐大的工程，不是一朝一夕就能完成的。

時間過得真快啊。

今晚加油看完這一卷。

亥初 (21:00)
挑燈夜讀

　　夜深了，回到家的令狐德棻還在挑燈夜讀，處理由他擔任「總知類會」的其他四部史書文稿的審閱工作。

史館修撰

　　貞觀三年（629 年），唐太宗任命令狐德棻等人編修五代史，並指定令狐德棻為「總知類會」，相當於現在的主編，專門負責協調五代史的內容和編撰體例。五代史雖然由宰相房玄齡掛名總監修，但許多實際工作都由擔任「總知類會」的令狐德棻負責處理。

二十四史

　　是中國古代二十四部紀傳體史書的統稱，分別為《史記》、《漢書》、《後漢書》、《三國志》、《晉書》、《宋書》、《南齊書》、《梁書》、《陳書》、《魏書》、《北齊書》、《周書》、《隋書》、《南史》、《北史》、《舊唐書》、《新唐書》、《舊五代史》、《新五代史》、《宋史》、《遼史》、《金史》、《元史》、《明史》。

令狐德棻的成就

　　令狐德棻具有極強的文獻搜集和保護意識，是唐朝第一個提出搜集、徵集圖書文獻的建議，並付諸實踐的人。得益於他的舉措，唐朝修史乃至之後朝代文人著書研究，才能有可靠的資料查證。

這些都要抄寫備份。

唐朝史料的來源

唐朝史官搜集史料的範圍十分廣泛，除了重大歷史事件記錄，還有災難天象、州縣廢置、官員罷免、地方政績、大臣亡故、表彰節義等。主要由以下幾種方式搜集而來。

史官

自行調查搜集材料。

中書省的中書舍人

專門記錄朝廷發生的重要事件。

各地官員報送資料

京官每季報送一次，地方官每年報送一次。

唐朝史官的任命

唐朝統治者非常重視史書的修撰，他們會通過多種途徑選拔史官。

皇帝任命

唐朝皇帝通過科舉選拔的方式進行史官選任。

我的本職是祕書丞。

他官兼職

唐朝時，史官並不一定是專職的，還有他官兼任的情況。

他官推薦

唐朝時，還可以通過其他官員的推薦擔任史官。

唐朝主要的書籍形式

在紙張成為主要書寫材料後的很長一段時間內，圖書仍保持著過去如竹簡般的卷軸式樣，雖然偶爾也有受西域佛經影響的經折式圖書出現，但和現代接近的翻頁書籍，直到宋朝才開始流行。

卷軸式

經折式

高效運轉中的史館

唐朝史館分工明確，大家各司其職，保證修史工作的順利進行。

注記官

唐朝還有很多不在史館工作的特殊史官，比如注記官。注記官負責記錄皇帝每天的言行，要定期向史館報送關於皇帝的資料。

保全的工作就交給我們。

亭長

三層

直館和修撰，主要負責研究史料，編修史書。

二層

楷書手，負責抄錄史書，修完的史書稿件會送到這裡抄寫。

一層

典書，負責管理藏書。

尚書杜如晦的一天

　　尚書，是古代的重要官職。唐朝中央政府實行三省六部制，而吏部尚書被認為是六部尚書之首，負責全國官吏的選拔、考核與升降。唐朝貞觀初年，杜如晦曾擔任吏部尚書一職，他十分有才能，裁決果斷，善用賢能的人，盡心盡力輔佐唐太宗，是實現「貞觀之治」不可或缺的重要功臣。

三省六部制

三省六部制是中國古代的一種中央集權制度。它自西漢開始發展，於唐朝完善。三省制終結於明朝初年，六部制則一直沿襲到清朝。

三　省

三省是中央的最高政府機構，三個部門通力合作又彼此牽制。各種決策由皇帝和門下省、中書省一起商議，誰也不能單獨決策。

中書省負責起草詔書
皇帝將詔令發給中書省。

門下省負責批駁審議
門下省將審核通過的詔書
交給尚書省。

尚書省負責執行
尚書省負責全國的政令執行，
下屬機構為六部。

六　部

六部負責每個詔令的具體執行，將中央的命令傳達到地方，再將地方執行的效果回饋回中央，達到承上啟下的作用。

負責選拔、考核、勳封官員

管理財政和人口

負責教育、祭祀、典禮和外交

掌管軍事

負責司法，審理案件

負責工程建設、管理手工業

巳初二刻 (9:30)
特別的工作餐

　　每天天還沒亮，吏部尚書杜如晦就去上朝，和許多大臣一樣沒吃早飯，但他不用擔心會餓肚子，因為早朝結束後，可以在太極殿的廊下享用皇帝特別賞賜的工作餐——朝食。

感謝陛下賞賜的食物。

好吃！好吃！

朝　食

凡是上朝的官員都有朝食，但品級不同，配額也不同，其中穿紫衣服的官員的朝食等級是最高的。

巳正 (10:00)
升任尚書右僕射

　　早朝結束後，杜如晦離開太極殿，一路上官員們紛紛恭賀他升為尚書右僕射。杜如晦很開心地回到了吏部，儘管他已經升職，但他仍兼任吏部尚書，主管吏部的事。

恭賀大人！

顏色與品級

古代王朝向來重視服飾與身分的對應關係，唐代繼承了隋代確立的服色制度，規定了各級官員所穿官服的顏色。在唐太宗當政期間，規定三品以上官員服紫，五品以上服緋紅，六、七品服綠，八、九品服青。

尚書僕射

在唐朝，尚書省的長官為尚書令。據說因唐太宗沒當皇帝前曾任尚書令，所以這個職位後來變成虛職，尚書左僕射和尚書右僕射成為名副其實的尚書省長官，處理尚書省事務，統領吏、戶、禮、兵、刑、工六部。

巳正一刻 (10:15)
處理吏部往來的公文

　　回到吏部官署，杜如晦開始了繁忙的工作。吏部尚書每天要處理的公文數量非常多。

巳正二刻 (10:30)
查考勤了

　　吏部負責官員考勤的人來到官署，開始核對前來上班的官員名單。一個負責抄寫公文的官員遲到了，剛進門就被他逮到了。

你來晚了！

喝酒所以睡過頭了。

遲到和曠工的後果

　　唐朝對官員考勤要求十分嚴格，若是無故不來上班，就會被處以笞刑。曠工要是超過一個月，就會被發配到邊遠地區服苦役。

哎呀！輕點呀，我知錯了！

我發誓再也不偷懶了！保證每天工作不休息。

午初二刻 (11:30)
去趟尚書省

　　在吏部處理完公文，杜如晦決定去趟尚書省，和尚書左僕射房玄齡商量尚書省的公務。房玄齡看見杜如晦來了，熱情地過來迎接他。房玄齡和杜如晦都是唐太宗的得力助手，房玄齡擅長出謀劃策，杜如晦擅長決斷，兩人的配合十分有默契。

《 彈班 》

官員們每天除了要接受本部門考核官員的點名外，還會有御史臺派人隨時抽查，遇到喧譁或擅離職守的官員，以笏（古代大臣使用的手板）彈之，稱為「彈班」。

《 請假制度 》

唐朝官員可以請病假，但不能超過一百天，超過了就算自動離職。官員正常休假要先提出申請，輪流安排。

這麼多人請假！要查查。

午初三刻 (11:45)
核定外放官員名單

　　聽了杜如晦對「選定官員」資歷的簡單匯報後，房玄齡根據德行、才用、績效三個標準，對外放官員的資歷和職位的匹配程度做了審查。

午正 (12:00)
每道政令要講程序

　　房玄齡審核通過後，簽發了外放官員的任命書，尚書左丞急忙派人將任命書送到官員手中。這樣才能完成整套任命流程。

午正二刻 (12:30)
吃飯了

處理完尚書省昨天交待的公務後，房玄齡、杜如晦和其他官員一起去公廚吃飯。

要多吃肉，對身體好。

官員的福利　在唐朝當官，法定假日比現代的少，但是福利還是很多的。

休假

洗刷刷！

唐朝官員每十天放一天假，以供回家沐浴更衣，所以又稱「休沐」。

醫療

我不會得絕症了吧！

只是風寒，別大驚小怪啦！

唐朝官員任官期間生病，只需向所在機構申報，官府會派醫生診治。

食堂

嗯，香香的。

公廚是官員們的專屬食堂。由於很多官員會在官署工作很久，朝廷為了保證工作效率而設立了公廚。

俸祿和賞賜

官員的收入除了俸祿之外，還有皇帝的賞賜，這些賞賜加起來有時會比一年的俸祿還多。

退休金

唐朝官員退休之後也是有退休金的，即「半祿」。

住房

唐朝的官員有規定的官舍，即「員工宿舍」，這類官舍通常都是和辦公地點建在一起的。

未初 (13:00)
考核官員

吏部的重要工作之一就是考核、選授官員。杜如晦考核官員十分公平公正，絕對不會偏袒任何人。

諸位同仁，大考努力啊！

申正 (16:00)
宣布結果

經過吏部尚書、侍郎們共同商議，官員們的考核結果出來了。杜如晦吩咐下屬將考核結果公之於眾。

這一次大家考得都不錯喲。

《 唐代官員的「期末考試」 》

唐朝的考課為一年一小考，三到四年一大考，考核的結果分為九等，每一等的獎勵和懲處措施都不同。唐朝考課公正嚴明，只看政績，不論官職，對官員施政起到了很好的監督作用。

申正三刻 (16:45)
回家

一天的工作結束後，杜如晦坐著牛車離開了官署，已經接近暮鼓敲響的時刻，得快點回家。

《 街鼓聲聲 》

唐朝有宵禁制度，每天早晚按照時間擊鼓，暮鼓（閉門鼓）停止後關閉城門與坊市，在晨鼓（開門鼓）敲響之前嚴禁居民在坊市外行走，違反這一條令稱為「犯夜」，情節嚴重甚至會處以死刑。

快要敲暮鼓了，趕緊回家！

言官楊爵的一天

言官是古代的監察官員，其中監官奉君主之命監察各級官吏，諫官則對君主的過失進行勸諫。言官制度在明朝時最為完善，由都察院御史與六科給事中組成，彼此制約。明朝言官中有很多剛正不阿的人，楊爵就是其中一位，他敢於勸諫，指出皇帝的疏失和過錯，把個人生死置之度外。

寅正 (4:00)
上朝

　　御史楊爵和言官同事們一同進入宮城，和往日不同，楊爵沒有參與同事們的討論，而是在想著自己前些天交給嘉靖皇帝的諫書。

楊爵的諫書

　　諫書是用來批評、規勸君王的奏章。嘉靖年間，連年乾旱，民不聊生。嘉靖二十年元旦下了微雪，奸臣嚴嵩等人為了討好嘉靖皇帝，稱這是祥瑞。楊爵非常憂慮，思考了很久，決定上書勸諫嘉靖皇帝體察民情，遠離奸佞。

不知道皇上看了怎麼想。

不務正業的皇帝

　　在明朝皇帝中，嘉靖皇帝是出了名的熱衷於求仙問道，他甚至從原本居住的宮殿搬走，二十多年不曾上朝。

這是要亡國的做法啊！

嗯……

我就知道又是這樣。

卯初 (5:00)
皇帝不來了

　　大臣們到大殿等了很久，最後卻等來「皇上今天依然不上朝」的消息。對此，楊爵心情比較平靜，但一些言官非常激動。

言官的職責與象徵

封駁 對下發到六部執行的命令，給事中有權提出反對，拒不執行，並要求皇上和內閣重新審議。

監督 不管是給事中還是御史，對百官都有監督權，一旦發現有官員違法亂紀就可以發動彈劾。御史與給事中相互監督。

象徵公道的神獸 獬豸※是一種象徵公正的神獸，因為傳說牠會用角撞倒奸邪之人，所以人們便將獬豸與公正無私的言官們聯繫在一起，在一段時間裡，獬豸成為言官的象徵。

卯正 (6:00)
各回崗位

皇帝不上朝，六科給事中們只能回到各自的工作崗位。楊爵也回到都察院，他今天的任務是聯合大理寺和刑部審理案件。

三司會審

三司會審是中國古代的一種審判制度。明朝時，由大理寺、刑部、都察院組成三法司，會審重大案件。

未正 (14:00)
派誰去出差

午後，言官們聚在一起討論今年的巡按御史人選。大家一致認為嘉靖皇帝會派楊爵巡視地方，楊爵連忙揮手說還不一定，他現在一心只希望嘉靖皇帝能給他答覆，並且覺得嘉靖皇帝是可以改過自新的。

巡按御史

中國古代官職之一，由中央政府派出，專門負責到地方考察、彈劾地方官員。

未正二刻 (14:30)
嘉靖皇帝很生氣

　　楊爵本以為嘉靖皇帝看了他的諫書之後會改過自新，但沒想到嘉靖皇帝認為楊爵是在罵他昏庸無道，覺得自己的權威受到了挑戰，因此大發雷霆。

朕不是昏君

　　雖然嘉靖皇帝氣壞了，但最終還是沒有殺掉楊爵，因為對皇帝來說，殺言官名聲不好聽，嘉靖皇帝若是殺了楊爵，那就是主動損毀自己形象了。他不想別人把他當作昏君、暴君。

鎮撫司的錦衣衛

　　錦衣衛是明朝皇帝的親衛軍，也是皇帝的耳目和心腹。他們除了負責保護皇帝的安全，還擔任著偵緝和刑訊的工作，例如將言官下獄，或對其施以廷杖。

申初 (15:00)
不速之客

　　突然，一群錦衣衛衝進房間，點名要抓楊爵。官員們都很驚慌，楊爵反倒很鎮定。

申正二刻 (16:30)
被捕入獄

被關進監獄的楊爵非但沒有害怕，反而不屈不撓，仍然高喊著要上書。

亥初三刻 (21:45)
仍不放棄

錦衣衛獄常年陰冷，不許生火，獄卒對待犯人十分苛刻，被下獄的人處境都非常艱難。楊爵絲毫沒受到惡劣環境的影響，仍然堅持給嘉靖皇帝寫諫書，希望他能做個好皇帝。

次日｜巳初 (9:00)
言官都是刀子嘴

楊爵入獄後，言官們並沒有因此收斂脾氣，他們向來直言不諱，因此送到皇帝手裡的奏摺往往言辭激烈，毫不顧及皇帝的面子，堪稱「罵書」。嘉靖年間，海瑞諷刺嘉靖皇帝耗空民財修仙求道的「罵書」最為出名——嘉靖嘉靖，家家乾淨！

楊爵被放了出來

嘉靖二十六年（1547 年），皇宮失火，嘉靖皇帝向上天禱告的時候，聽到火光中有人呼喊楊爵等三人是忠臣，迷信的嘉靖皇帝害怕神明降罪，趕緊把楊爵等人放了出來。明神宗萬曆年間，朝廷為已經去世的楊爵平反，並賜予他「忠介」的諡號。

言官為什麼不怕死

太祖有話	明太祖朱元璋痛恨貪官污吏，因此鼓勵大臣進言。	

文士風骨	深受儒家思想影響，大多數言官重氣節，正直有操守。	

不懼權貴	雖然明朝言官品級比較低，但他們有上書言事的權利，可以沒有後顧之憂地檢舉、提意見。	

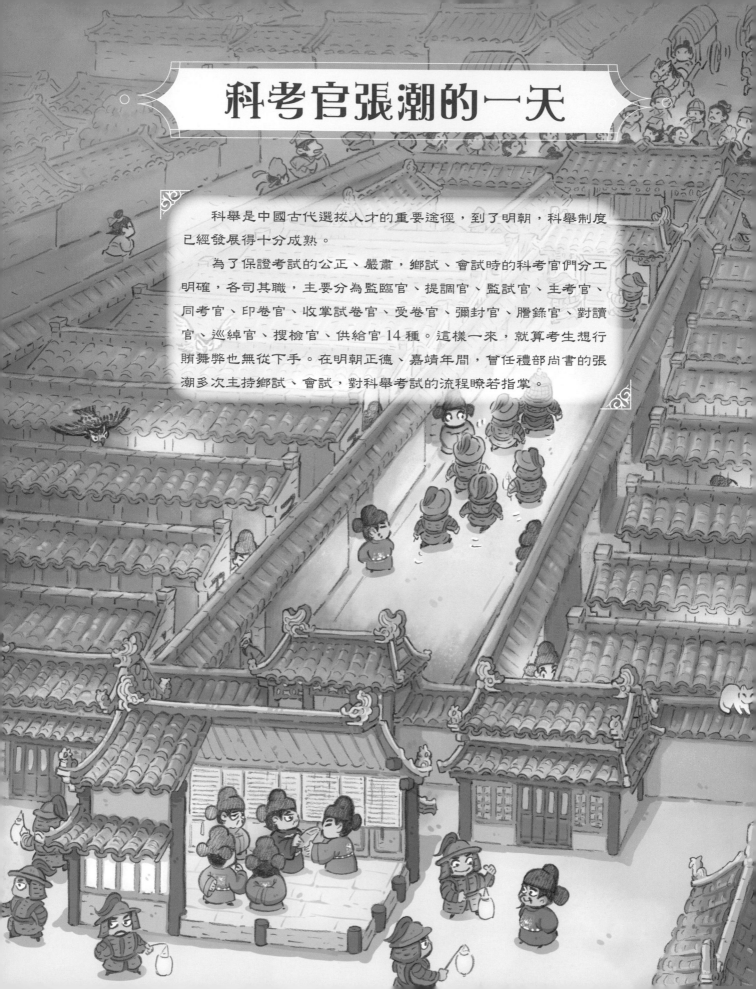

科考官張潮的一天

　　科舉是中國古代選拔人才的重要途徑，到了明朝，科舉制度已經發展得十分成熟。

　　為了保證考試的公正、嚴肅，鄉試、會試時的科考官們分工明確，各司其職，主要分為監臨官、提調官、監試官、主考官、同考官、印卷官、收掌試卷官、受卷官、彌封官、謄錄官、對讀官、巡綽官、搜檢官、供給官14種。這樣一來，就算考生想行賄舞弊也無從下手。在明朝正德、嘉靖年間，曾任禮部尚書的張潮多次主持鄉試、會試，對科舉考試的流程瞭若指掌。

丑正 (2:00)
內簾的考官

為了防止洩題，出題之後，主考官張潮和兩位同考官需要待在貢院，直到考試結束才能離開。

考官如何出題

出題時，同考官通常會提前出好幾道考題，最後由主考官決定用哪道題為這次考試的考題。

丑正一刻 (2:15)
考官的飯

為了防止洩題，考官的宵夜由外面隔著門送進來，他們由此推算出時間，距離開考不遠了。

「內簾」與「外簾」

因為考官們所在的房間通常用簾子與外界隔絕，所以考官們也會被稱為「內簾」或「內簾官」，即簾子裡面的官員。而在簾外工作的官員則集體被稱為「外簾」或「外簾官」。

監考官也要被監視？

雖然內外簾制度杜絕了考生向考官行賄舞弊，但還可能發生考官主動洩題的情況。考慮到這點，朝廷通常會派出御史監督考官，以保證考試公平進行。

科考官張潮的一天

丑正二刻 (2:30) 外簾的考生們

考生進考場前，需要點名、搜身，防止夾帶作弊，搜檢的工作交由官兵負責。

貢　院

貢院就是明清時期舉行鄉試、會試的地方，分為內簾和外簾，內外互不干涉，時時有專人巡邏。

又抓到一個……

五花八門的作弊手法

有的考生為了作弊，絞盡腦汁，想出了多種多樣的夾帶方式，但搜檢官的檢查也十分嚴格，甚至會要求考生脫光衣服檢查。

饅頭裡夾帶

硯臺裡夾帶

鞋底裡夾帶

筆桿裡夾帶

腰帶裡夾帶

作弊的後果

考生一旦被搜到夾帶作弊，就會被處罰枷號（帶枷示眾）一個月，取消考試資格並剝奪考生身分。

我好後悔，嗚嗚嗚……

號房

考棚又叫「號房」，每個考生一間，十分狹小。號房內只有上下兩塊木板，上面的木板當桌子，下面的當椅子，考生晚上睡覺時，就將兩塊木板拼成床。

好座位與壞座位

起初，有的地方的號房是用茅草搭建的，後來才改用磚瓦搭建，不過之前的茅草號房仍在使用，所以如果考生運氣不好分到這樣的號房，只能自認倒楣了。

會不會垮呀？

卯初二刻 (5:30)
核對資訊

所有考生對號入座後，監試官開始核對考生的試卷資訊。考生需自行攜帶答題的試卷紙與草稿紙，試卷開頭寫有考生的姓名、年齡、籍貫及父祖三代姓名履歷，而且還要由當地官府蓋章證明。

考　題

卯正 (6:00)
報考題

在所有檢查結束，考生進了號房之後，監臨官會報出這次考試的考題，這是為了防止洩題。

科考官張潮的一天

午正 (12:00)
檢查午飯

終於到了吃午飯的時間了，考生每日的飯菜由供給官負責發放，當然，飯菜送來之前也是需要檢查的。

> 再翻就沒辦法吃了！

巡 考

考試時，巡綽官、監臨官、監視官一同巡場，巡視十分嚴格，考生的一舉一動都看得清清楚楚。

號 軍

實行一對一監考，就連考生上廁所都會有號軍跟著。

巡綽官

由當地官兵充任，在考試期間巡視全場。

三支蠟燭

黃昏是考試結束的時間，如果有考生沒答完，監視官會提供三支蠟燭，三支蠟燭都點完後，考生就不能再作答了。

第三日 ｜ 酉正 (18:00)
終於考完了

鄉試連考三場，每場考三天，加起來就是九天。在這九天的時間裡，考生不能洗澡，不能換衣服，走出貢院後一個個都憔悴不堪。

放榜啦！

寒窗苦讀只為了一朝金榜題名。有人從青年考到白髮蒼蒼。放榜之後，考中的人歡喜，沒考中的人只能再等三年。

考試催生的生意

想要取得好成績的考生，除了聘請名師、用功學習外，了解歷年考題也是必不可少的。因此，在考場外出現了不少兜售歷屆考試試題的人，生意非常好。

連中三元

連中三元指的是在科舉三級考試中都列第一名。明、清時指分別在鄉試、會試、殿試中拿到第一名，成為解元、會元、狀元。從唐朝以來的科舉歷史上，連中三元的一共只有十多人。

幸福的狀元郎

考中狀元除了能夠直接授官外，也會成為京城炙手可熱的女婿人選唷！

知縣于成龍的一天

知縣，俗稱「七品芝麻官」，品級為正七品。知縣官雖小，但是管的事情卻不少。升堂審案、徵糧徵稅、勸農視學、檢視河堤、救災搶險，甚至連夫妻吵架、家裡的母雞丟了這樣的事都需要知縣操心。

于成龍是一個能力很強、正直嚴明的官員，在他任羅城縣知縣的幾年時間裡，百姓們對他稱讚有加，十分信任。

我一定能做好！

·卯初二刻 (5:30)
起床挑水澆菜

清朝知縣的俸祿其實並不高，很多人甚至難以養家糊口。于成龍是個十分勤儉的人，他親自種菜補貼家用。

于成龍

快快長大喲！

《 知縣俸祿並不高 》

清朝知縣的俸祿是一年四十五兩銀子，比明朝的知縣還要低。

《 頂　珠 》

清朝官員根據品級不同，官帽頂部裝飾的珠子材質也不同，從高到低有紅寶石、珊瑚、藍寶石、青金石、水晶等。于成龍為七品文官，他的官帽頂珠材質是素金。

卯正 (6:00)·
準備去上班

做完農活的于成龍開始整理著裝，換上官服準備去上班。清朝官員的常服與公服樣式基本一致。為了區分官職，官服都縫綴有補子（指胸前與背後的方形裝飾）。

知縣于成龍的一天

39

卯正二刻 (6:30)·
辦案

于成龍來到縣衙公堂，開始審案，處理訴訟。

他有兩個手下，一個是主簿，主管戶籍、徵稅等事務；一個是典史，主管緝捕、監獄等事務。站在堂下的則是衙役，負責跑腿辦差，抓捕犯人。因為羅城縣是個小縣城，所以沒有設置縣丞。

縣衙的人員組成

縣衙中的人員由官、吏、差役組成，官負責決策，吏負責處理文書，差役則聽候差遣。但各地的縣衙規模不一樣，官、吏、差役的人員配置視具體情況而定。

 官 知縣、縣丞、主簿、典史是朝廷任命的官員，主管縣裡的各種政務。

 吏 吏員是在吏部註冊的公職人員，主要在各房科辦事，掌管公文帳冊。

 差役 差役負責站堂、看管、抓捕、守衛、催科，主要為官吏服務。

關於知縣的小知識

 師爺 在清朝，很多知縣會聘請幾個幕僚，給自己出謀劃策，協助處理事務。人們通常稱呼他們為「師爺」。

告狀不用擊鼓鳴冤 縣衙會設置一塊放告牌，每個月在固定的時間懸掛起來，告狀人不必擊鼓，知縣就可以直接在公堂上受理案件。

處罰只能打板子 知縣處罰犯人只能打板子，最多也只能打一百下。

文臣的一天

40

辰初 (7:00)
接收公文

　　從鋪遞（郵遞站）送來了鄰縣知縣寫的公文，希望于成龍幫忙解決一樁棘手的命案。

辰正 (8:00)
徵稅

　　古時候，地方稅務都是由地方官兼管，因此收稅也是知縣的重要政務之一。

> 這個人已經拖欠半個月稅款了！

巳初 (9:00)
祭祀

　　古人迷信鬼神，每逢節日會舉行祭祀活動，祈禱風調雨順，這也是知縣要負責的事情。

> 保佑本縣來年風調雨順，五穀豐登。

午初二刻 (11:30)
吃午飯

　　于成龍處理完上午的工作，就休息吃午飯。他並不是羅城縣人，妻兒老小都不在這裡，每當一個人吃飯的時候，他就會不由得想念起家人。

> 要是老婆在就好了。

午正二刻 (12:30)
外出視察

　　于成龍下午開始外出辦公。別看知縣只是個七品小官，要處理的事務可是十分繁雜的。

八字衙門

縣衙大門兩邊的牆呈「八」字形，所以也叫「八字衙門」。八字牆上可張貼告示、榜文等。

信牌

信牌用紙製成，上面用墨筆寫明所辦事情和指定日期，用朱筆畫押，並蓋上官印。縣衙的官員辦事都需要信牌證明自己的身分，辦完事需將信牌交回。

未初 (13:00)
勸農

知縣要督促農民積極種田，這樣治下才能獲得好收成。

未正 (14:00)
抓盜賊

　　勤農才結束就聽到「抓賊」的喊聲，于成龍趕緊帶著衙役一起追捕。知縣要負責本縣的治安管理。當然，具體的事務一般交由其他官吏執行。

酉初 (17:00)
回衙寫報告

　　忙碌了一天回到縣衙，這時大家都準備下班了，但是于成龍還要整理工作報告。

申正 (16:00)
視學

　　抓完盜賊，于成龍來到學堂視察縣學學生們讀書的情況。知縣必須關心本縣的教育事業，因為治下有多少人能中舉關係著知縣的政績。

≪ 大 計 ≫

清朝針對地方官員的考核制度叫作「大計」，其中規定了知縣要每三年接受一次考核。考核成績突出者，會被破格提拔。

亥初 (21:00)
該休息啦

　　夜深了，于成龍還在伏案疾書，他要把今天發生的事情記錄下來。

于成龍的名聲

　　于成龍從知縣做起，清廉愛民，政績顯著，最終成為封疆大吏。康熙皇帝稱讚他是「清官第一」。有趣的是，清朝康熙年間有兩個于成龍，而且兩個人官都做得不錯。

知縣于成龍的一天

古代計時方式

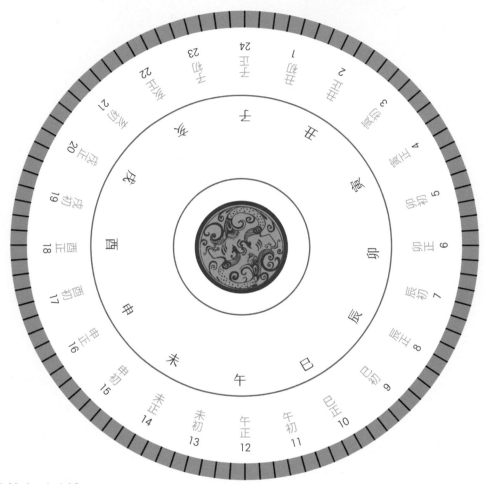

一刻等於十五分鐘

約西周之前，把一天分為一百刻，後來又改百刻為九十六刻、一百零八刻、一百二十刻。所以不同時代每個時辰對應的刻度可能會有差別。《隋書·天文志》中記載，隋朝冬至前後，子時為二刻，寅時、戌時為六刻，卯時和酉時為十三刻。到了清代，官方正式將一天定為九十六刻，一個時辰（兩個小時）分八刻，一小時為四刻，而一刻就是十五分鐘，一直沿用至今。

時辰的劃分

時辰是中國古代的計時方法。古人把一天分為十二個時辰，並用十二地支來表示時辰。如：子時 (23:00–1:00)、丑時 (1:00–3:00)，以此類推。到唐代以後，人們把一個時辰分為初、正兩部分，細化了時間劃分，方便了人們的生活。

晨鐘暮鼓

古代城市實行宵禁，定時開關城門，在有的朝代，早晨開城門時會敲鐘，晚上關城門的時候會擊鼓。鼓響了之後，在城內、城外的人都要及時回家，不然城門一關就回不了家了。

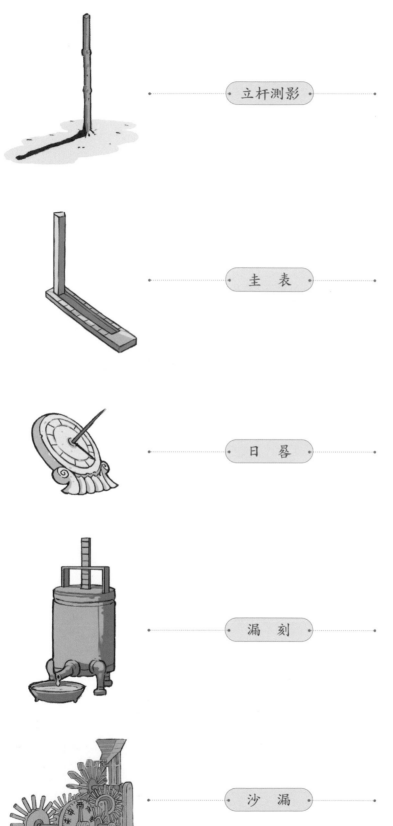

立杆測影

這是人類較早使用的計時方式。用一根杆子直立在地上，觀測陽光下投射的杆影，根據杆影的長短區分白天的不同時刻。也是最原始的計時方式。

圭　表

商、周時期使用較多的計時方式，由圭和表兩部分組成。這是一種透過測量日影計時的古代天文儀器，比在地上立根杆子要正規多了，缺點就是精準度不高，而且在陰天和晚上無法用。

日　晷

又稱「日規」，利用太陽的投影方向來確定時刻。由晷針（表）和晷盤（帶刻度的表座）組成。有地平式日晷和赤道式日晷。日晷的設計比圭表更為準確合理，但同樣在陰天和晚上不能使用。

漏　刻

也稱箭漏。它是一種滴漏計時工具，在中國古代應用十分廣泛。水流出或流入壺中時，帶有刻度的箭杆會相應下沉或上升，透過箭杆上的刻度線來指示時刻。但是冬天氣溫低，水一結冰就不能使用了。

沙　漏

因為冬天水會結冰，所以人們又想出用沙子來代替水，作為計時工具的動力來源，於是發明出了沙漏。但沙漏計時有個缺陷，漏孔容易被沙子堵塞。

古代「國考」之路

古代人也像我們一樣有國考嗎？

其實，古代的科舉考試和我們今天的國考有很多相似之處，讀書人通過考試獲取身分，進入官場，成為國家認可的人才。那麼，科舉考試是怎麼考的，和我們現在的國考一樣嗎？我們以明朝的科舉考試為例來看一看。

童生

一開始讀書人的標籤是童生

不管你年紀多大，只要參加院試想要取得秀才資格的人，身分都是童生。

如果家裡實在經濟困難，那麼院試不中就可能要回家種田了，或者做些其他的營生養家糊口。

秀才

院試考中了成為秀才

童生參加院試，考過了便成為秀才，擁有了參加鄉試的資格。

院試沒通過可以復讀，家裡經濟條件較好的話，多考幾次也沒關係。

鄉試考中了成為舉人

成為舉人就擁有了參加會試的資格。

鄉試沒考中同樣可以復讀再考，但如果不打算再考了，可以去幫人代寫書信，賺點潤筆費。

古時候的文人都喜歡寫寫畫畫，賣字畫也可以賺錢，唐伯虎就是這樣的。

貢士

會試考中了成為貢士

貢士擁有參加殿試的資格。

會試沒考中也可以直接做小官。

進士

經過殿試就成為進士

殿試是最高等級的考試，通過殿試就會成為進士，身分十分尊貴。殿試的前三名是一甲進士，分別叫作狀元、榜眼、探花。

考中進士後，可能會被留在京城，到朝廷的某個部門從基層幹起。

還可能被外放到地方上當知縣。

古代「國考」之路

番外篇 文臣那些事

我以為皇上還像當年那樣虛心納諫，結果是我自己看走眼！

不是你看走眼，是皇上變化太快！

楊爵 張潮

楊爵：言官的日子真是苦呀！

張潮：楊大人你沒有錯，只不過是聖意難測而已。

您跟我講講吧，玄武門之變到底是誰先下手的？

這，沒考證的事我可不談。職業道德，職業道德。

于成龍 令狐德棻

于成龍：令狐兄，玄武門之變有什麼絕密資料可以講講嗎？

令狐德棻：這我可不能隨便亂說，史官不能八卦呀。

于成龍：這……

是呀，我們都有同感。

這麼麻煩，有本事的人自然有人推薦呀。

出考題真的很費腦力呀……

張潮 杜如晦 曹操

考寫詩我一定能金榜題名！

寫詩多數時候是附加題啦，曹丞相。

曹操：聽說唐朝考試還考作詩？

杜如晦：只是其中一項而已。

曹操：哈哈！要是考作詩，那老夫可是一把好手呀！

曹操

杜如晦

哼，瞧這奸臣的得意樣。

……

哎呀！

于成龍：我們康熙皇帝說過，曹操是個大奸臣！

曹操：好像有人在背後罵我。

杜如晦：這……

于成龍

曹操

杜如晦

曹操

沒有我，老百姓有多苦你知道嗎！居然罵我，我和你沒完！

曹丞相別生氣！

奸臣！奸臣！

杜如晦

你快少說幾句！

令狐德棻　于成龍

張潮

楊爵

文臣的一天
參考書目

（漢）司馬遷，《史記》。

（晉）陳壽，《三國志》。

（南朝・宋）范曄，《後漢書》。

（唐）長孫無忌等，《唐律疏議》。

（唐）劉知幾，《史通》。

（唐）李林甫等，《唐六典》。

（後晉）劉昫等，《舊唐書》。

（宋）王溥，《唐會要》。

（宋）歐陽修、宋祁等，《新唐書》。

（宋）李昉等，《太平御覽》。

（明）李東陽等，《大明會典》。

（清）張廷玉等，《明史》。

（清）谷應泰，《明史紀事本末》。

趙爾巽等，《清史稿》。

江碧秋、潘寶籙，《羅城縣志》。

王其鈞，《古建築日讀》，中華書局。

沈從文，《中國古代服飾研究》，商務印書館。

劉永華，《中國古代軍戎服飾》，清華大學出版社。

劉永華，《中國歷代服飾集萃》，清華大學出版社。

劉永華，《中國古代車輿馬具》，清華大學出版社。

森林鹿，《唐朝穿越指南》，北京聯合出版公司。

森林鹿，《唐朝定居指南》，北京聯合出版公司。

鍾敬文，《中國民俗史・隋唐卷》，人民出版社。

李芽，《中國歷代女子妝容》，江蘇鳳凰文藝出版社。

李乾朗，《穿牆透壁：剖視中國經典古建築》，廣西師範大學出版社。

侯幼彬、李婉貞，《中國古代建築歷史圖說》，中國建築工業出版社。

魯威，《科舉奇聞》，遼寧教育出版社。

李國鈞、王炳照，《中國教育制度通史・第四卷》，山東教育出版社。